Amlia

GUTE GEDANKEN
AUS ALLER WELT

Herausgegeben von
Jutta Metz

Groh Fotokunst Verlag

INHALT

Die Welt ist klein geworden. Via Fernsehen und Internet können wir uns jederzeit in Sekundenschnelle die ganze Welt ins Haus holen. Oder wir ziehen selbst los und erkunden fremde Länder. Ob geschäftlich oder im Urlaub, es ist kein Problem mehr, in die entlegensten Teile der Welt zu reisen.

Von einer Reise erwarten wir uns mehr als den schnellen Geschäftsabschluss oder stundenlanges Liegen am sonnigen Strand. Land und Leute sind es, die eine Reise erst interessant machen. Sehenswürdigkeiten erzählen uns etwas über die Kultur eines Landes. Auf Streifzügen über die Märkte und durch die Straßen lernen wir seine unverwechselbare Eigenart kennen. Besuche in Lokalen bringen uns die Mentalität der Einheimischen näher, so dass wir uns langsam unser eigenes Bild machen können.

Aber je mehr man reist und auch in persönlichen Kontakt mit den Menschen verschiedener Länder kommt, desto mehr wird sich unter all den Verschiedenheiten die Einheit zeigen. Die wichtigsten Dinge im Leben sind für alle Menschen gleich, ihre Träume und Hoffnungen unterscheiden sich viel weniger, als man es vielleicht erwartet.

In den Spruchweisheiten aus aller Welt spiegelt sich beides wider – die unverwechselbare Mentalität der Bewohner eines Landes einerseits und andererseits die Tatsache, dass wir alle zu einer großen Menschheitsfamilie gehören.

Wer Freude an kurzen, treffenden Formulierungen hat, an „guten Gedanken", die verschiedene Länder aus allen Zeiten überliefert haben, wird diese Einheit noch deutlicher empfinden: Ob die Weisheiten beispielsweise aus Irland, Spanien oder Afrika kommen – für unser eigenes Leben erweisen sie sich als genau so zutreffend, hilfreich oder amüsant wie ein uns geläufiges deutsches Sprichwort.

Dieses kleine Buch kann man ganz nach Lust und Laune aufschlagen. Man muss es nicht der Reihe nach und nicht auf einmal lesen. Einen Text bewusst aufnehmen, das Buch wieder weglegen, innehalten – das kann unsere eigene Erfahrung bestätigen oder einen neuen Blickwinkel aufzeigen. So gewinnen wir Einblick in die Gedanken anderer Völker und Erkenntnis für unser eigenes Leben – kleine Mosaiksteinchen in dem Kunstwerk, das wir alle aus unserem Leben machen können.

Jutta Metz

*Eine Freude
vertreibt hundert Sorgen.*

AUS CHINA

Wer den Tag mit Lachen beginnt,
hat ihn bereits gewonnen.
AUS TSCHECHIEN

❄

Kleine Freuden
sind Blumen
im Teppich des Lebens.
AUS DEUTSCHLAND

❄

Dem Fröhlichen
ist jedes Unkraut eine Blume;
dem Griesgram
jede Blume ein Unkraut.
AUS FINNLAND

Den guten Tag
muss man ins Haus einlassen.

AUS SPANIEN

※

Schön ist, was man sieht,
schöner, was man träumt.

AUS FLANDERN

※

Die kleinen Freuden
wärmen das Herz. Die großen
sind häufig eine arge Strapaze.

AUS ITALIEN

Gott schenkt dir das Gesicht,
lächeln musst du selber.

AUS IRLAND

Ärgere dich nicht darüber,
dass der Rosenstrauch Dornen trägt,
sondern freue dich darüber,
dass der Dornenstrauch Rosen trägt.

AUS ARABIEN

Eine Minute,
die man lacht,
verlängert das Leben
um eine Stunde.

AUS CHINA

Frohes Gemüt
kann Schnee in Feuer verwandeln.

AUS SPANIEN

❋

Ich werfe meine Freude
wie Vögel an den Himmel.

AUS AFRIKA

❋

Ein zufriedenes Gemüt
ist ein unaufhörliches Fest.

AUS ENGLAND

Dann beginnt unsere Freude,
wenn wir den anderen
lächeln machen.

AUS INDIEN

Wende dein Gesicht der Sonne zu,
dann fallen die Schatten hinter dich.

AUS AFRIKA

Das Leben
meistert man lächelnd
oder überhaupt nicht.

AUS CHINA

VOM GEHEIMNIS DES GLÜCKS

*Glückliche Augenblicke
machen das Glück des Lebens aus.*

AUS SPANIEN

Nicht alle
können auf der Piazza wohnen,
aber allen scheint die Sonne.

AUS ITALIEN

Willst du für Stunden
glücklich sein: trinke Wein!
Willst du für Wochen
glücklich sein: schlachte ein Schwein!
Willst du Jahrzehnte
glücklich sein: heirate gut!
Willst du ein Leben lang
glücklich sein: werde Gärtner!

AUS CHINA

14

Ein wenig Hilfe
will das Glück gern haben.

AUS NORWEGEN

❀

Wer sich darauf versteht,
das Leben zu genießen,
muss keine Reichtümer anhäufen.

AUS CHINA

❀

Wende dein Gesicht der Sonne zu
und dem Sturm den Rücken.

AUS IRLAND

Nimm dir Zeit,
um froh zu sein,
es ist die Musik der Seele.

AUS IRLAND

Wenn ich einen grünen Zweig
im Herzen trage,
wird sich ein Singvogel
darauf niederlassen.

AUS CHINA

Das Glück erkennt man
nicht mit dem Kopf,
sondern mit dem Herzen.

AUS NORWEGEN

Die Lebensspanne
ist dieselbe,
ob man sie lachend
oder weinend verbringt.

AUS JAPAN

❃

Wer viel von sich selbst verlangt,
dem wird viel Glück zuteil.

AUS CHINA

❃

Glück ist ein Buckel,
der schwer zu tragen ist.

AUS RUSSLAND

Das Glück tritt gern in ein Haus,
wo gute Laune herrscht.
AUS JAPAN

❄

Ein großes Glück
kommt nie zweimal.
AUS CHINA

❄

Wo ein Mensch glücklich ist,
hat ein anderer dafür gesorgt.
AUS ENGLAND

VOM GEBEN UND NEHMEN

Das Lächeln,
das du aussendest,
kehrt zu dir zurück.

AUS INDIEN

Fünf Minuten Hilfe
sind besser
als zehn Tage Mitleid.
AUS RUMÄNIEN

Ein Stück Brot,
mit Herzlichkeit geteilt, reicht aus,
um hundert Menschen satt zu machen.
AUS ÄGYPTEN

Gib dem Hungernden einen Fisch,
und er wird einen Tag satt.
Lehre ihn fischen,
und er wird nie mehr hungern.
AUS CHINA

Zögere nie, wenn es gilt,
Gutes zu tun.

AUS JAPAN

Ein Mensch
mit sanftem Charakter
macht sich und andere glücklich.

AUS ARABIEN

Denke nicht an das Gute,
das du andern getan,
nur vergiss nicht, was du
von andern Gutes empfangen.

AUS CHINA

Das Haus stirbt nicht,
das einen Gast willkommen heißt.

AUS AFRIKA

✸

Lasst ein wenig Menschenliebe
walten unter euch, und es
wird leichter sein, wenn ihr euch
das nächste Mal wieder begegnet.

AUS CHINA

✸

Es ist das Herz, das gibt,
die Hände geben nur her.

AUS AFRIKA

Ein Lächeln kostet weniger
als elektrischer Strom
und gibt mehr Licht.
AUS SCHOTTLAND

In einem guten Wort
ist für drei Winter Wärme;
ein böses Wort verletzt
wie sechs Monate Frost.
AUS DER MONGOLEI

Wer Gutes tut,
empfängt auch Gutes.
AUS ITALIEN

Alles wird vergehen,
außer dem Guten,
das du getan hast.
AUS FRANKREICH

Wenn du unaufhörlich gibst,
wirst du unaufhörlich haben.
AUS CHINA

In einem guten Gedanken
ist Gutes für alle Menschen.
WEISHEIT DER INDIANER

*Wenn der Himmel
einen Menschen liebt,
dann lässt er ihm
einen Freund begegnen.*

AUS CHINA

Geh eine Meile,
einen Kranken zu besuchen,
zwei, um Frieden zwischen
zwei Menschen zu stiften, und drei,
um einen Freund zu sehen.

AUS ARABIEN

Bei einem Freund
trank ich Wasser,
es schmeckte wie Wein.

AUS RUSSLAND

Der eine hat den Dill,
der andere hat die Gurken.

AUS RUSSLAND

Wer einen guten Freund hat,
bedarf keines Spiegels.

AUS ARABIEN

❄

Brüderlichkeit ist beständiger
als steinerne Mauern.

AUS RUSSLAND

❄

Wahre Freundschaft
kommt am schönsten zur Geltung,
wenn es ringsum dunkel wird.

AUS BELGIEN

Wer keine Freunde hat,
lebt nur zur Hälfte.
AUS FRANKREICH

Besser hundert Freunde in der Welt
als hundert Rubel in der Tasche.
AUS RUSSLAND

Freunde finden, ist leicht;
sie behalten, ist schwer.
AUS RUMÄNIEN

Die beste Zuflucht ist ein Freund,
mag er reich oder arm,
traurig oder heiter,
mit oder ohne Fehler sein.

AUS INDIEN

Mit wem du gelacht hast,
kannst du vielleicht vergessen,
mit wem du geweint hast, nie.

AUS ARABIEN

Dankbarkeit ist
das Gedächtnis des Herzens.

AUS SCHWEDEN

Wer einen Freund sucht ohne Fehler,
bleibt ohne Freund.

AUS DER TÜRKEI

Das Gesicht eines Menschen
erkennst du bei Licht,
seinen Charakter im Dunkeln.

AUS ZYPERN

Ein Mensch,
der seinen Freund von Angesicht
zu Angesicht kritisiert,
aber hinter dessen Rücken lobt,
das ist ein wahrer Freund.

AUS VIETNAM

Wer sich keine Zeit für Freunde nimmt,
dem nimmt die Zeit die Freunde.

AUS RUSSLAND

Das Herz begreift,
was das Auge nicht sieht
und das Ohr nicht hört.

JÜDISCHE WEISHEIT

Die beste Medizin für den Menschen
ist der Mensch.

AUS AFRIKA

Um einen Freund zu sehen,
ist kein Umweg zu weit.

AUS RUSSLAND

Das Leben ist kurz,
aber ein Lächeln
ist nur die Mühe
einer Sekunde.

AUS KUBA

Wahre Freundschaft
ist wie eine Seele, in zwei geteilt,
um in zwei Körpern zu wohnen.

AUS MEXIKO

VON DER KRAFT DER LIEBE

Die Liebe ist das einzige Gut,
das sich vermehrt,
wenn man es verschwendet.

AUS PERSIEN

Aus vier Augen sieht die Welt
viel heiterer aus als aus zweien.

AUS DEUTSCHLAND

Ein Junggeselle ist ein Pfau,
ein Verlobter ein Löwe,
ein Verheirateter ein Esel.

AUS SPANIEN

Die Liebe weist dem Menschen
seines Lebens Ziel.
Die Vernunft gibt ihm die Mittel
an die Hand, es zu erreichen.

AUS CHINA

Der Liebe ohne Zank und Streit
fehlt das Salz der Seligkeit.
AUS RUSSLAND

Wer lächelt, statt zu toben,
ist immer der Stärkere.
AUS JAPAN

Wo Liebe ist,
ist Versöhnung leicht.
AUS WALES

Liebe ist ein Glas,
das zerbricht, wenn man es
unsicher oder zu fest anfasst.
AUS RUSSLAND

Die Liebe ist das Kind der Freiheit.
AUS FRANKREICH

Das Fließen des Wassers
und die Wege der Liebe haben
sich seit den Zeiten der Götter
nicht geändert.
AUS JAPAN

Die Liebe ist wie der Mond,
wenn sie nicht zunimmt, nimmt sie ab.
AUS PORTUGAL

Wenn man sagen kann,
wie viel man liebt,
liebt man nur wenig.
AUS ITALIEN

Ein Herz ohne Liebe
ist wie ein Garten ohne Blumen.
AUS JAPAN

Der schlechten Welt Adieu sagen
und im Paradies auf
einer Lotosblüte sitzen,
so träumt, wer liebt.

AUS JAPAN

Die Liebe
ist der Zahnschmerz der Seele.

ZIGEUNERWEISHEIT

Auch für Gerichte,
die man mit Liebe kocht,
müssen erst einmal
die Zutaten vorhanden sein.

AUS FRANKREICH

Wo es Liebe regnet,
wünscht keiner einen Schirm.
AUS DÄNEMARK

Der Liebe
ist kein Wind zu kalt.
AUS RUSSLAND

Alles wird zugrunde gehen,
außer der Liebe und der Musik.
AUS SCHOTTLAND

Wenn ich allein träume,
ist es nur ein Traum.
Wenn wir gemeinsam träumen,
ist es der Anfang der Wirklichkeit.

AUS BRASILIEN

Lass dich durch nichts auf Erden
traurig machen, solange du
noch lieben kannst.

AUS DER SLOWAKEI

Die Liebe gleicht einem Ring,
und der Ring hat kein Ende.

AUS JAPAN

VON DER FAMILIE

Wenn die Wurzeln tief sind,
braucht man den Wind
nicht zu fürchten.

AUS CHINA

Der Erwachsene achtet auf Taten,
das Kind auf Liebe.

AUS INDIEN

Das Juwel des Himmels ist die Sonne.
Das Juwel des Hauses ist das Kind.

AUS CHINA

Auch aus dem Munde des Kindes
spricht der Prophet.

AUS ARABIEN

Gott konnte nicht überall sein,
darum schuf er die Mütter.
AUS ISRAEL

Wonach ein Kind fragt,
das können zehn Professoren
nicht beantworten.
AUS GRIECHENLAND

Wen seine Mutter nicht lehrt,
den lehrt die Welt.
AUS TANSANIA

Das Wort „Verzeihen"
ist ein Familienschatz.

AUS CHINA

❄

Wir sollten
uns weniger bemühen, den Weg
für unsere Kinder vorzubereiten,
als unsere Kinder für den Weg.

AUS AMERIKA

❄

Ein Reich ist leicht zu regieren,
eine Familie schwer.

AUS CHINA

Solange die Kinder noch klein sind,
gib ihnen tiefe Wurzeln;
wenn sie älter geworden sind,
gib ihnen Flügel.

AUS INDIEN

❋

Der beste Erzieher
ist das gute Beispiel.

AUS HOLLAND

❋

Die Jugend nährt sich von den Träumen,
das Alter von den Erinnerungen.

JÜDISCHES SPRICHWORT

Kein Lieben ist vollkommen,
bis das erste Enkelkind erscheint.

AUS WALES

❀

Eine Familie, zu der ein Greis gehört,
besitzt einen Schatz.

AUS CHINA

❀

Bleibe ein Kind,
so dass deine Kinder
dich immer lieben können.

AUS ESTLAND

VOM SINN DER ARBEIT

Ein fleißiges Mühlrad
friert nicht ein.

AUS JAPAN

Ehe du auf goldene Berge baust,
baue auf deine eigenen Hände.

AUS CHINA

✳

Zu wissen,
wie man etwas macht,
ist nicht schwer.
Schwer ist nur,
es zu machen.

AUS CHINA

✳

Der Baum
fällt nicht beim ersten Hieb.

AUS ITALIEN

Der Mann, der den Berg abtrug,
war derselbe, der anfing,
kleine Steine wegzutragen.

AUS CHINA

Gott hilft dem Schiffer,
aber der muss auch rudern.

AUS DÄNEMARK

Fürchte nicht schwere Arbeit,
fürchte leere Reden.

AUS CHINA

Lob ist ein guter Schrittmacher.

AUS ENGLAND

❀

Stelle nichts Unnötiges
und Unnützes her,
das Notwendige und Nützliche
aber mache auch schön.

AUS AMERIKA

❀

Arbeit, die Freude macht,
ist schon zur Hälfte fertig.

AUS FRANKREICH

Die Welt ist nicht größer
als das Fenster, das du ihr öffnest.

AUS DEUTSCHLAND

Es gibt keinen Ort,
der das Zuhause ersetzen kann.

AUS ITALIEN

Bevor du dich dranmachst,
die Welt zu verbessern,
gehe dreimal
durch dein eigenes Haus.

AUS CHINA

Im eigenen Wässerchen
ist auch der Frosch ein Sänger.

AUS RUSSLAND

Vom Fenster her
lässt sich niemals
die ganze Welt überblicken.
AUS SPANIEN

Wasser und Erde der Heimat
formen sich ihren Menschenschlag.
AUS CHINA

Das Haus ist klein,
aber das Herz ist groß.
AUS SARDINIEN

Hebt man den Blick,
so sieht man keine Grenzen.

AUS JAPAN

Wer nie fortkommt,
kommt nie heim.

AUS TIROL

In der Familie sei sparsam,
doch Gästen gib reichlich.

AUS CHINA

Der Gast kommt von Gott.

AUS GEORGIEN

Auch eine Reise von tausend Meilen
beginnt mit dem ersten Schritt.

AUS CHINA

Menschen,
nicht Mauern
machen Städte.

AUS CHINA

Wer die Menschen liebt,
hat immer eine große Familie.
AUS ÄGYPTEN

❊

Nicht wer alt ist, weiß viel, sondern
wer viel herumgekommen ist.
AUS DER TÜRKEI

❊

Es gibt keinen Weg,
der nicht irgendwann
nach Hause führt.
AUS AFRIKA

*Unwissenheit ist ein Meer,
das Wissen ein Floß darauf.*

AUS ISLAND

Der Mensch lernt, solange er lebt,
und stirbt doch unwissend.

AUS JUGOSLAWIEN

Der Vater der Weisheit
ist das Gedächtnis;
Überlegung ist ihre Mutter.

AUS WALES

Nicht wissen ist nicht schlimm;
schlimm ist nur, nicht wissen wollen.

AUS CHINA

Tiefe Weisheit
wächst aus starken Zweifeln.

AUS CHINA

❋

Während die Weisen grübeln,
erobern die Dummen die Festung.

AUS SERBIEN

❋

Zehn Gebote hat die Weisheit:
neunmal "Schweig"
und einmal "Rede wenig".

AUS ARABIEN

Wer das Große verstehen will,
muss das Kleine untersuchen.
AUS CHINA

❀

Man kann den Himmel berechnen
und die Erde ausmessen,
aber das Herz eines Menschen
kann man nicht bestimmen.
AUS CHINA

❀

Macht können wir
durch Wissen erlangen,
aber zur Vollendung
gelangen wir nur durch die Liebe.
AUS CHINA

VON GEDULD UND AUSDAUER

Die Geduld
ist der Schlüssel zur Freude.

AUS ARABIEN

Wer sich gedulden kann,
hat sein Ziel schon halb erreicht.
AUS BELGIEN

❀

Geduld ist ein Baum,
dessen Wurzel bitter,
dessen Frucht aber sehr süß ist.
AUS PERSIEN

❀

Oft lässt sich das, was sich nicht
durch Gewalt besiegen lässt,
ganz einfach durch Geduld besiegen.
AUS ITALIEN

Mit Zorn und Hass
reißt man alles nieder,
mit Geduld und Liebe aber
baut man aus nichts einen Tempel.

AUS VIETNAM

Wo kein Schlüssel passt,
da öffnet Geduld.

AUS DEUTSCHLAND

Zu dem, der warten kann,
kommt alles mit der Zeit.

AUS DEUTSCHLAND

Die Geduld nicht verlieren,
auch wenn es unmöglich scheint,
das ist Geduld.

AUS JAPAN

Wer etwas Großes tun will,
muss durch viele Nächte wandern.

AUS AFRIKA

Geduld ist das
Zugpferd der Hoffnung.

AUS SÜDAMERIKA

Habe Geduld!
Alle Dinge sind schwer,
bevor sie leicht werden.
AUS PERSIEN

Besäße der Mensch die Beharrlichkeit,
so wäre ihm fast nichts unmöglich.
AUS CHINA

Wenn man geduldig wartet,
wird das schönste Wetter.
AUS JAPAN

Ein großes Herz ist geduldig.
AUS DEUTSCHLAND

❋

Mit der Zeit wird auch
der Maulbeerbaum zu Seide.
AUS DER TÜRKEI

❋

Geduld wird alle Wege ebnen.
AUS RUSSLAND

VOM WERT DER ZEIT

Jede Stunde
ist ein Baustein
für die Zukunft.

AUS ÄGYPTEN

Vergangenem nachtrauern
heißt Gegenwärtiges versäumen.
AUS GRIECHENLAND

❀

Beobachte,
was früher geschah,
dann wirst du wissen,
was kommen wird.
AUS CHINA

❀

Ein Heute
ist besser als zehn Morgen.
AUS DEUTSCHLAND

Gott hat die Zeit erschaffen
und der Mensch die Hast.
AUS IRLAND

❀

Wenn du es eilig hast,
mache einen Umweg.
AUS CHINA

❀

Die Zeit, am besten angewandt,
ist die, die man verschwendet.
AUS INDIEN

Ob du eilst oder langsam gehst,
der Weg vor dir bleibt derselbe.
AUS CHINA

Nimm dir jeden Tag
eine halbe Stunde Zeit
für deine Sorgen,
und in dieser Zeit
mache ein Schläfchen.
AUS CHINA

Mit einer Unze Gold
kann man keine Unze Zeit kaufen.
AUS CHINA

70

Es gibt weder eine gute
noch eine schlechte Zeit,
die hundert Jahre dauert.

AUS SPANIEN

✸

Ein kommender Tag
erscheint länger
als ein vergangenes Jahr.

AUS SCHOTTLAND

✸

Morgen
gehen hundert Jahre wieder an.

AUS DEUTSCHLAND

Denkst du an ein Jahr,
säe ein Samenkorn,
denkst du an ein Jahrzehnt,
pflanze einen Baum,
denkst du an ein Jahrhundert,
erziehe einen Menschen.
AUS CHINA

Die Zeit erkennen,
das heißt, die Vergangenheit
und die Gegenwart richtig begreifen.
AUS CHINA

VON DER INNEREN RUHE

Ein Augenblick der Seelenruhe
ist besser als alles,
was du sonst erstreben magst.

AUS PERSIEN

Der Hastige
überspringt seine Möglichkeiten.
AUS ALBANIEN

Wer sein Herz
dem Ehrgeiz öffnet,
verschließt es der Ruhe.
AUS CHINA

Nur aus
einem unbewegt stillen Herzen
kann etwas Vollkommenes aufblühen.
AUS JAPAN

Der Fehler liegt in der Eile.
AUS CHINA

Ob auf dem Weg
eine Spur bleiben wird oder nicht,
bedachtsam will ich meinen Weg gehen.
AUS JAPAN

Fürchte dich nicht
vor dem langsamen Vorwärtsgehen.
Fürchte dich nur vor dem Stehenbleiben.
AUS CHINA

Die Weisheit des Lebens
besteht im Ausschalten
der unwesentlichen Dinge.
AUS CHINA

❀

Zum Herzen
führen nicht große Straßen,
nur stille Wege.
AUS DER TÜRKEI

❀

Nur in stillen Wassern
spiegeln sich die Sterne.
AUS CHINA

Wer nicht ums Dunkel weiß,
kann das Licht nicht erkennen.

AUS JAPAN

Nur derjenige, der ihn trägt,
weiß, wo der Schuh drückt.
AUS ENGLAND

❀

Was am Abend dunkel erscheint,
erleuchtet der Morgen.
AUS DEUTSCHLAND

❀

Im Garten der Zeit
wächst die Blume des Trostes.
AUS RUMÄNIEN

Zweifle nicht am Blau des Himmels,
wenn über deinem Dach
dunkle Wolken stehen.

AUS INDIEN

❄

Dass die Vögel
der Sorge und des Kummers
über deinem Haupt fliegen,
kannst du nicht verhindern.
Doch du kannst verhindern,
dass sie Nester in deinem Haar bauen.

AUS CHINA

❄

Irgendwann scheint die Sonne
auch in unser Fenster.

AUS RUSSLAND

Hat der Abend auch keine Sonne,
so hat er doch Sterne.

AUS PERSIEN

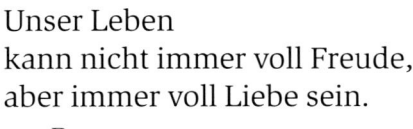

Wenn man schlafen geht,
soll man die Sorgen
in die Schuhe stecken.

AUS SCHWEDEN

Unser Leben
kann nicht immer voll Freude,
aber immer voll Liebe sein.

AUS DEUTSCHLAND

VOM LICHT DER HOFFNUNG

Jede Wolke
hat einen silbernen Saum.

AUS ENGLAND

Denk immer nur an die Meile,
die gerade vor dir liegt,
nicht an die Meile danach;
dann kannst du es schaffen.

AUS DÄNEMARK

Verwandle
große Schwierigkeiten in kleine
und kleine in gar keine.

AUS CHINA

Mit der Hoffnung
wächst der Mut.

AUS DEUTSCHLAND

Es kann im Herbst
nicht mehr verwelken,
als im Frühjahr gewachsen ist.
AUS DEUTSCHLAND

Noch die kleinste Pfütze
spiegelt den Himmel.
AUS LITAUEN

Der Weidenzweig
wird durch die Last des Schnees
nicht gebrochen.
AUS JAPAN

Wo du eine Tür zumachst,
geht eine andere auf.

AUS SPANIEN

Vergieße keine Träne,
wenn du noch hoffen darfst.

AUS CHINA

Vertrauen ist die Rinde
am Baum der Hoffung.

AUS DEUTSCHLAND

Auf jeden Grashalm
fällt ein Tröpfchen Tau.
AUS CHINA

Träume und Gedanken
kennen keine Schranken.
AUS DEUTSCHLAND

Schöne Dinge
wachsen inmitten der Dornen.
AUS DEM KONGO

Wer singen will,
findet immer ein Lied.
AUS SCHWEDEN

❀

Hoffnung
ist der Anker der Welt.
AUS AFRIKA

❀

Was tut der Baum,
den man vergisst? Er blüht ...
AUS NEPAL

Der größte Schritt
ist der Schritt aus der Tür.

AUS ENGLAND

Leicht ist es,
das Licht der Welt zu erblicken,
doch schwer, auf dieser Welt
ein Mensch zu sein.

AUS CHINA

Geh deinen eigenen Weg
und schlag nicht den Pfad
eines anderen ein.

AUS ÄGYPTEN

Um an die Quelle zu gelangen,
muss man gegen den Strom schwimmen.

AUS POLEN

Man kann das Heute nicht erkennen,
wenn man das Gestern nicht sehen will.
AUS INDIEN

Wenn du wissen willst,
wie das Licht wirklich ist,
geh ins Dunkel.
AUS DEUTSCHLAND

Wer etwas Besonderes sehen will,
muss auf das blicken,
was andere nicht beachten.
AUS CHINA

Die Seele ist das Schiff,
Vernunft das Steuer
und Wahrheit der Hafen.
AUS DER TÜRKEI

Gehen
lernt man durch Stolpern.
AUS BULGARIEN

Eine Sache ist nur gefährdet,
wenn die Menschen
nicht mit dem Herzen dabei sind.
AUS CHINA

Taten sind Früchte,
Worte sind Blätter.
AUS ENGLAND

Noch so viele Worte
füllen keinen Korb.
AUS AFRIKA

Warte auf das Glück,
aber vergiss nicht,
ihm die Tür zu öffnen.
AUS DEUTSCHLAND

Kannst du nicht, was du willst,
so wolle, was du kannst.

AUS SPANIEN

❋

Sei wie der Bambus,
beuge und biege dich anmutig,
wie der Wind es will,
und du wirst niemals brechen.

AUS JAPAN

❋

Das Meer verweigert
auch den kleinsten Flüssen
nicht den Zutritt,
daher seine Tiefe.

AUS CHINA

Es kann uns
nicht jeder Mensch nach Wunsch
und nicht jede Sache zu Willen sein.

AUS CHINA

❄

Den Wind kann man nicht verbieten.
Aber man kann Mühlen bauen.

AUS HOLLAND

❄

Wenn man etwas
mit ganzem Herzen tut,
braucht man keinen Helfer.

AUS CHINA

Bleibe dem Alten geöffnet,
aber verschließe dich nicht dem Neuen.
AUS SCHWEDEN

Vernachlässige nicht
dein eigenes Feld,
um das eines anderen zu jäten.
AUS CHINA

Wer hinter mehreren
Hasen herläuft, fängt keinen.
AUS GRIECHENLAND

Was du genießt
von Tag zu Tag,
das ist dein Reichtum.

AUS INDIEN

Mische Tun mit Nichtstun,
und du verbringst dein Leben
in Fröhlichkeit!

AUS RUSSLAND

Jutta Metz, geboren 1944, studierte in den USA und Deutschland Psychologie, Anglistik und Germanistik. 1973 schloss sie mit der Promotion in Anglistik ab, um sich in den folgenden Jahren ihrer Familie zu widmen. Sie lebt in München und hat zahlreiche Bücher herausgegeben.

In gleicher Ausstattung gibt es im Groh Fotokunst Verlag:
Gute Gedanken über die Lebenskunst, ISBN 3-89008-360-9
Gute Gedanken für stille Stunden, ISBN 3-89008-362-5

Titelmotiv: Anna Porizka

ISBN 3-89008-361-7
© 2002 Groh Fotokunst Verlag GmbH & Co.KG
Wörthsee bei München • www.groh.de